I0792267

## Daily plan

| N° | |
|----|---|
| 1 | ............................... |
| 2 | ............................... |
| 3 | ............................... |
| 4 | ............................... |
| 5 | ............................... |
| 6 | ............................... |
| 7 | ............................... |
| 8 | ............................... |
| 9 | ............................... |
| 10 | ............................... |

## Evaluation

| N° | 100% | 50% | 0% |
|----|------|-----|-----|
| 1 | | | |
| 2 | | | |
| 3 | | | |
| 4 | | | |
| 5 | | | |
| 6 | | | |
| 7 | | | |
| 8 | | | |
| 9 | | | |
| 10 | | | |

## Notes

.................................................................................

.................................................................................

.................................................................................

.................................................................................

.................................................................................

## Daily plan

| N° | |
|----|---|
| 1 | |
| 2 | |
| 3 | |
| 4 | |
| 5 | |
| 6 | |
| 7 | |
| 8 | |
| 9 | |
| 10 | |

## Evaluation

| N° | 100% | 50% | 0% |
|----|------|-----|-----|
| 1 | | | |
| 2 | | | |
| 3 | | | |
| 4 | | | |
| 5 | | | |
| 6 | | | |
| 7 | | | |
| 8 | | | |
| 9 | | | |
| 10 | | | |

## Notes

<u>*My day:* ....... / ....... / ...................</u>

## Daily plan

| N° | |
|---|---|
| 1 | .......................................... |
| 2 | .......................................... |
| 3 | .......................................... |
| 4 | .......................................... |
| 5 | .......................................... |
| 6 | .......................................... |
| 7 | .......................................... |
| 8 | .......................................... |
| 9 | .......................................... |
| 10 | .......................................... |

## Evaluation

| N° | 100% | 50% | 0% |
|---|---|---|---|
| 1 | | | |
| 2 | | | |
| 3 | | | |
| 4 | | | |
| 5 | | | |
| 6 | | | |
| 7 | | | |
| 8 | | | |
| 9 | | | |
| 10 | | | |

## Notes

..............................................................................

..............................................................................

..............................................................................

..............................................................................

..............................................................................

<u>**My day:**</u> ...... / ...... / ..................

<table>
<tr><td colspan="2">Daily plan</td></tr>
<tr><td>N°</td><td></td></tr>
<tr><td>1</td><td>.............................</td></tr>
<tr><td>2</td><td>.............................</td></tr>
<tr><td>3</td><td>.............................</td></tr>
<tr><td>4</td><td>.............................</td></tr>
<tr><td>5</td><td>.............................</td></tr>
<tr><td>6</td><td>.............................</td></tr>
<tr><td>7</td><td>.............................</td></tr>
<tr><td>8</td><td>.............................</td></tr>
<tr><td>9</td><td>.............................</td></tr>
<tr><td>10</td><td>.............................</td></tr>
</table>

| Evaluation | | | |
|---|---|---|---|
| N° | 100% | 50% | 0% |
| 1 | | | |
| 2 | | | |
| 3 | | | |
| 4 | | | |
| 5 | | | |
| 6 | | | |
| 7 | | | |
| 8 | | | |
| 9 | | | |
| 10 | | | |

**Notes**

..........................................................................

..........................................................................

..........................................................................

..........................................................................

..........................................................................

## Daily plan

| N° | |
|---|---|
| 1 | |
| 2 | |
| 3 | |
| 4 | |
| 5 | |
| 6 | |
| 7 | |
| 8 | |
| 9 | |
| 10 | |

## Evaluation

| N° | 100% | 50% | 0% |
|---|---|---|---|
| 1 | | | |
| 2 | | | |
| 3 | | | |
| 4 | | | |
| 5 | | | |
| 6 | | | |
| 7 | | | |
| 8 | | | |
| 9 | | | |
| 10 | | | |

## Notes

<u>*My day:* ........ / ........ / ................</u>

| **Daily plan** | |
| --- | --- |
| **N°** | |
| 1 | ................................. |
| 2 | ................................. |
| 3 | ................................. |
| 4 | ................................. |
| 5 | ................................. |
| 6 | ................................. |
| 7 | ................................. |
| 8 | ................................. |
| 9 | ................................. |
| 10 | ................................. |

| **Evaluation** | | | |
| --- | --- | --- | --- |
| **N°** | **100%** | **50%** | **0%** |
| 1 | | | |
| 2 | | | |
| 3 | | | |
| 4 | | | |
| 5 | | | |
| 6 | | | |
| 7 | | | |
| 8 | | | |
| 9 | | | |
| 10 | | | |

**Notes**

.................................................................................

.................................................................................

.................................................................................

.................................................................................

.................................................................................

<u>My day: ......./......./...................</u>

## Daily plan

| N° | |
|---|---|
| 1 | .............................. |
| 2 | .............................. |
| 3 | .............................. |
| 4 | .............................. |
| 5 | .............................. |
| 6 | .............................. |
| 7 | .............................. |
| 8 | .............................. |
| 9 | .............................. |
| 10 | .............................. |

## Evaluation

| N° | 100% | 50% | 0% |
|---|---|---|---|
| 1 | | | |
| 2 | | | |
| 3 | | | |
| 4 | | | |
| 5 | | | |
| 6 | | | |
| 7 | | | |
| 8 | | | |
| 9 | | | |
| 10 | | | |

## Notes

..............................................................................

..............................................................................

..............................................................................

..............................................................................

..............................................................................

# My day: ......./......./.................

## Daily plan

| N° | |
|---|---|
| 1 | ............................... |
| 2 | ............................... |
| 3 | ............................... |
| 4 | ............................... |
| 5 | ............................... |
| 6 | ............................... |
| 7 | ............................... |
| 8 | ............................... |
| 9 | ............................... |
| 10 | ............................... |

## Evaluation

| N° | 100% | 50% | 0% |
|---|---|---|---|
| 1 | | | |
| 2 | | | |
| 3 | | | |
| 4 | | | |
| 5 | | | |
| 6 | | | |
| 7 | | | |
| 8 | | | |
| 9 | | | |
| 10 | | | |

## Notes

............................................................................

............................................................................

............................................................................

............................................................................

............................................................................

## Daily plan

| N° | |
|---|---|
| 1 | ................................. |
| 2 | ................................. |
| 3 | ................................. |
| 4 | ................................. |
| 5 | ................................. |
| 6 | ................................. |
| 7 | ................................. |
| 8 | ................................. |
| 9 | ................................. |
| 10 | ................................. |

## Evaluation

| N° | 100% | 50% | 0% |
|---|---|---|---|
| 1 | | | |
| 2 | | | |
| 3 | | | |
| 4 | | | |
| 5 | | | |
| 6 | | | |
| 7 | | | |
| 8 | | | |
| 9 | | | |
| 10 | | | |

## Notes

.................................................................................

.................................................................................

.................................................................................

.................................................................................

.................................................................................

# My day: ......./......./.................

## Daily plan

| N° | |
|----|----|
| 1 | ................................ |
| 2 | ................................ |
| 3 | ................................ |
| 4 | ................................ |
| 5 | ................................ |
| 6 | ................................ |
| 7 | ................................ |
| 8 | ................................ |
| 9 | ................................ |
| 10 | ................................ |

## Evaluation

| N° | 100% | 50% | 0% |
|----|------|-----|-----|
| 1 | | | |
| 2 | | | |
| 3 | | | |
| 4 | | | |
| 5 | | | |
| 6 | | | |
| 7 | | | |
| 8 | | | |
| 9 | | | |
| 10 | | | |

## Notes

..........................................................................

..........................................................................

..........................................................................

..........................................................................

..........................................................................

<u>My day:</u> ....... / ....... / ...................

| Daily plan | |
|---|---|
| **N°** | |
| 1 | .............................. |
| 2 | .............................. |
| 3 | .............................. |
| 4 | .............................. |
| 5 | .............................. |
| 6 | .............................. |
| 7 | .............................. |
| 8 | .............................. |
| 9 | .............................. |
| 10 | .............................. |

| Evaluation | | | |
|---|---|---|---|
| **N°** | **100%** | **50%** | **0%** |
| 1 | | | |
| 2 | | | |
| 3 | | | |
| 4 | | | |
| 5 | | | |
| 6 | | | |
| 7 | | | |
| 8 | | | |
| 9 | | | |
| 10 | | | |

## Notes

..................................................................................

..................................................................................

..................................................................................

..................................................................................

..................................................................................

<u>My day:</u> ........ / ....... / ....................

## Daily plan

| N° | |
|---|---|
| 1 | ............................. |
| 2 | ............................. |
| 3 | ............................. |
| 4 | ............................. |
| 5 | ............................. |
| 6 | ............................. |
| 7 | ............................. |
| 8 | ............................. |
| 9 | ............................. |
| 10 | ............................. |

## Evaluation

| N° | 100% | 50% | 0% |
|---|---|---|---|
| 1 | | | |
| 2 | | | |
| 3 | | | |
| 4 | | | |
| 5 | | | |
| 6 | | | |
| 7 | | | |
| 8 | | | |
| 9 | | | |
| 10 | | | |

## Notes

..................................................................................

..................................................................................

..................................................................................

..................................................................................

..................................................................................

## Daily plan

| N° | |
|----|---|
| 1 | .............................. |
| 2 | .............................. |
| 3 | .............................. |
| 4 | .............................. |
| 5 | .............................. |
| 6 | .............................. |
| 7 | .............................. |
| 8 | .............................. |
| 9 | .............................. |
| 10 | .............................. |

## Evaluation

| N° | 100% | 50% | 0% |
|----|------|-----|-----|
| 1 | | | |
| 2 | | | |
| 3 | | | |
| 4 | | | |
| 5 | | | |
| 6 | | | |
| 7 | | | |
| 8 | | | |
| 9 | | | |
| 10 | | | |

## Notes

..................................................................

..................................................................

..................................................................

..................................................................

..................................................................

<u>*My day:* ....... / ....... / ..................</u>

| N° | Daily plan |
|----|------------|
| 1 | .............................. |
| 2 | .............................. |
| 3 | .............................. |
| 4 | .............................. |
| 5 | .............................. |
| 6 | .............................. |
| 7 | .............................. |
| 8 | .............................. |
| 9 | .............................. |
| 10 | .............................. |

| N° | 100% | 50% | 0% |
|----|------|-----|-----|
| 1 | | | |
| 2 | | | |
| 3 | | | |
| 4 | | | |
| 5 | | | |
| 6 | | | |
| 7 | | | |
| 8 | | | |
| 9 | | | |
| 10 | | | |

## Notes

..............................................................

..............................................................

..............................................................

..............................................................

..............................................................

# My day: ....... / ...... / ..................

## Daily plan

| N° | |
|---|---|
| 1 | ............................... |
| 2 | ............................... |
| 3 | ............................... |
| 4 | ............................... |
| 5 | ............................... |
| 6 | ............................... |
| 7 | ............................... |
| 8 | ............................... |
| 9 | ............................... |
| 10 | ............................... |

## Evaluation

| N° | 100% | 50% | 0% |
|---|---|---|---|
| 1 | | | |
| 2 | | | |
| 3 | | | |
| 4 | | | |
| 5 | | | |
| 6 | | | |
| 7 | | | |
| 8 | | | |
| 9 | | | |
| 10 | | | |

## Notes

..................................................................................

..................................................................................

..................................................................................

..................................................................................

..................................................................................

*My day:* ...... / ...... / ..................

## Daily plan

| N° | |
|----|---|
| 1 | .................................... |
| 2 | .................................... |
| 3 | .................................... |
| 4 | .................................... |
| 5 | .................................... |
| 6 | .................................... |
| 7 | .................................... |
| 8 | .................................... |
| 9 | .................................... |
| 10 | .................................... |

## Evaluation

| N° | 100% | 50% | 0% |
|----|------|-----|-----|
| 1 | | | |
| 2 | | | |
| 3 | | | |
| 4 | | | |
| 5 | | | |
| 6 | | | |
| 7 | | | |
| 8 | | | |
| 9 | | | |
| 10 | | | |

## Notes

....................................................................................

....................................................................................

....................................................................................

....................................................................................

....................................................................................

# My day: …… / …… / ……………

<u>*My day:*</u> ...... / ...... / ..................

<table>
<tr><td colspan="2">Daily plan</td></tr>
<tr><td>N°</td><td></td></tr>
<tr><td>1</td><td>........................................</td></tr>
<tr><td>2</td><td>........................................</td></tr>
<tr><td>3</td><td>........................................</td></tr>
<tr><td>4</td><td>........................................</td></tr>
<tr><td>5</td><td>........................................</td></tr>
<tr><td>6</td><td>........................................</td></tr>
<tr><td>7</td><td>........................................</td></tr>
<tr><td>8</td><td>........................................</td></tr>
<tr><td>9</td><td>........................................</td></tr>
<tr><td>10</td><td>........................................</td></tr>
</table>

| Evaluation | | | |
| --- | --- | --- | --- |
| N° | 100% | 50% | 0% |
| 1 | | | |
| 2 | | | |
| 3 | | | |
| 4 | | | |
| 5 | | | |
| 6 | | | |
| 7 | | | |
| 8 | | | |
| 9 | | | |
| 10 | | | |

**Notes**

..............................................................................

..............................................................................

..............................................................................

..............................................................................

..............................................................................

<u>*My day:* ...... / ...... / ..................</u>

| Daily plan | |
|---|---|
| **N°** | |
| 1 | .................................... |
| 2 | .................................... |
| 3 | .................................... |
| 4 | .................................... |
| 5 | .................................... |
| 6 | .................................... |
| 7 | .................................... |
| 8 | .................................... |
| 9 | .................................... |
| 10 | .................................... |

| N° | 100% | 50% | 0% |
|---|---|---|---|
| 1 | | | |
| 2 | | | |
| 3 | | | |
| 4 | | | |
| 5 | | | |
| 6 | | | |
| 7 | | | |
| 8 | | | |
| 9 | | | |
| 10 | | | |

**Evaluation**

## Notes

........................................................................

........................................................................

........................................................................

........................................................................

........................................................................

# My day: ......./......./................

## Daily plan

| N° | |
|---|---|
| 1 | .......................... |
| 2 | .......................... |
| 3 | .......................... |
| 4 | .......................... |
| 5 | .......................... |
| 6 | .......................... |
| 7 | .......................... |
| 8 | .......................... |
| 9 | .......................... |
| 10 | .......................... |

## Evaluation

| N° | 100% | 50% | 0% |
|---|---|---|---|
| 1 | | | |
| 2 | | | |
| 3 | | | |
| 4 | | | |
| 5 | | | |
| 6 | | | |
| 7 | | | |
| 8 | | | |
| 9 | | | |
| 10 | | | |

## Notes

..........................................................

..........................................................

..........................................................

..........................................................

..........................................................

<u>**My day:** ......... / ......... / ..................</u>

## Daily plan

| N° | |
|---|---|
| 1 | ................................... |
| 2 | ................................... |
| 3 | ................................... |
| 4 | ................................... |
| 5 | ................................... |
| 6 | ................................... |
| 7 | ................................... |
| 8 | ................................... |
| 9 | ................................... |
| 10 | ................................... |

## Evaluation

| N° | 100% | 50% | 0% |
|---|---|---|---|
| 1 | | | |
| 2 | | | |
| 3 | | | |
| 4 | | | |
| 5 | | | |
| 6 | | | |
| 7 | | | |
| 8 | | | |
| 9 | | | |
| 10 | | | |

## Notes

........................................................................

........................................................................

........................................................................

........................................................................

........................................................................

## Daily plan

| N° | |
|----|----|
| 1 | ............................... |
| 2 | ............................... |
| 3 | ............................... |
| 4 | ............................... |
| 5 | ............................... |
| 6 | ............................... |
| 7 | ............................... |
| 8 | ............................... |
| 9 | ............................... |
| 10 | ............................... |

## Evaluation

| N° | 100% | 50% | 0% |
|----|------|-----|-----|
| 1 | | | |
| 2 | | | |
| 3 | | | |
| 4 | | | |
| 5 | | | |
| 6 | | | |
| 7 | | | |
| 8 | | | |
| 9 | | | |
| 10 | | | |

## Notes

.................................................................
.................................................................
.................................................................
.................................................................
.................................................................

<u>*My day:* ........./......../...................</u>

| Daily plan | |
|---|---|
| N° | |
| 1 | .......................................... |
| 2 | .......................................... |
| 3 | .......................................... |
| 4 | .......................................... |
| 5 | .......................................... |
| 6 | .......................................... |
| 7 | .......................................... |
| 8 | .......................................... |
| 9 | .......................................... |
| 10 | .......................................... |

| Evaluation | | | |
|---|---|---|---|
| N° | 100% | 50% | 0% |
| 1 | | | |
| 2 | | | |
| 3 | | | |
| 4 | | | |
| 5 | | | |
| 6 | | | |
| 7 | | | |
| 8 | | | |
| 9 | | | |
| 10 | | | |

## Notes

..........................................................................................

..........................................................................................

..........................................................................................

..........................................................................................

..........................................................................................

<u>*My day:*</u> …… / …… / ……………

| **Daily plan** | |
|---|---|
| **N°** | |
| 1 | …………………………… |
| 2 | …………………………… |
| 3 | …………………………… |
| 4 | …………………………… |
| 5 | …………………………… |
| 6 | …………………………… |
| 7 | …………………………… |
| 8 | …………………………… |
| 9 | …………………………… |
| 10 | …………………………… |

| **Evaluation** | | | |
|---|---|---|---|
| **N°** | **100%** | **50%** | **0%** |
| 1 | | | |
| 2 | | | |
| 3 | | | |
| 4 | | | |
| 5 | | | |
| 6 | | | |
| 7 | | | |
| 8 | | | |
| 9 | | | |
| 10 | | | |

**Notes**

………………………………………………………………

………………………………………………………………

………………………………………………………………

………………………………………………………………

………………………………………………………………

<u>*My day:*</u> .......... / .......... / ...........................

## Daily plan

| N° | |
|---|---|
| 1 | ............................... |
| 2 | ............................... |
| 3 | ............................... |
| 4 | ............................... |
| 5 | ............................... |
| 6 | ............................... |
| 7 | ............................... |
| 8 | ............................... |
| 9 | ............................... |
| 10 | ............................... |

## Evaluation

| N° | 100% | 50% | 0% |
|---|---|---|---|
| 1 | | | |
| 2 | | | |
| 3 | | | |
| 4 | | | |
| 5 | | | |
| 6 | | | |
| 7 | | | |
| 8 | | | |
| 9 | | | |
| 10 | | | |

## Notes

.................................................................

.................................................................

.................................................................

.................................................................

.................................................................

<u>**My day:** ...... / ...... / ...............</u>

| N° | Daily plan |
|---|---|
| 1 | ............................................ |
| 2 | ............................................ |
| 3 | ............................................ |
| 4 | ............................................ |
| 5 | ............................................ |
| 6 | ............................................ |
| 7 | ............................................ |
| 8 | ............................................ |
| 9 | ............................................ |
| 10 | ............................................ |

| N° | 100% | 50% | 0% |
|---|---|---|---|
| 1 | | | |
| 2 | | | |
| 3 | | | |
| 4 | | | |
| 5 | | | |
| 6 | | | |
| 7 | | | |
| 8 | | | |
| 9 | | | |
| 10 | | | |

## Notes

............................................................................

............................................................................

............................................................................

............................................................................

............................................................................

<u>*My day:* ...... / ...... / ..............</u>

## Daily plan

| N° | |
|----|---|
| 1 | .............................. |
| 2 | .............................. |
| 3 | .............................. |
| 4 | .............................. |
| 5 | .............................. |
| 6 | .............................. |
| 7 | .............................. |
| 8 | .............................. |
| 9 | .............................. |
| 10 | .............................. |

## Evaluation

| N° | 100% | 50% | 0% |
|----|------|-----|----|
| 1 | | | |
| 2 | | | |
| 3 | | | |
| 4 | | | |
| 5 | | | |
| 6 | | | |
| 7 | | | |
| 8 | | | |
| 9 | | | |
| 10 | | | |

## Notes

..............................................................

..............................................................

..............................................................

..............................................................

..............................................................

<u>*My day:* ...... / ...... / ................</u>

| Daily plan | |
|---|---|
| **N°** | |
| 1 | ................................. |
| 2 | ................................. |
| 3 | ................................. |
| 4 | ................................. |
| 5 | ................................. |
| 6 | ................................. |
| 7 | ................................. |
| 8 | ................................. |
| 9 | ................................. |
| 10 | ................................. |

| N° | 100% | 50% | 0% |
|---|---|---|---|
| 1 | | | |
| 2 | | | |
| 3 | | | |
| 4 | | | |
| 5 | | | |
| 6 | | | |
| 7 | | | |
| 8 | | | |
| 9 | | | |
| 10 | | | |

## Notes

.................................................................

.................................................................

.................................................................

.................................................................

.................................................................

## Daily plan

| N° | |
|----|----|
| 1 | ............................... |
| 2 | ............................... |
| 3 | ............................... |
| 4 | ............................... |
| 5 | ............................... |
| 6 | ............................... |
| 7 | ............................... |
| 8 | ............................... |
| 9 | ............................... |
| 10 | ............................... |

## Evaluation

| N° | 100% | 50% | 0% |
|----|------|-----|-----|
| 1 | | | |
| 2 | | | |
| 3 | | | |
| 4 | | | |
| 5 | | | |
| 6 | | | |
| 7 | | | |
| 8 | | | |
| 9 | | | |
| 10 | | | |

## Notes

.........................................................

.........................................................

.........................................................

.........................................................

.........................................................

<u>*My day:* ........ / ........ / ...................</u>

| **Daily plan** | |
|---|---|
| **N°** | |
| 1 | .............................. |
| 2 | .............................. |
| 3 | .............................. |
| 4 | .............................. |
| 5 | .............................. |
| 6 | .............................. |
| 7 | .............................. |
| 8 | .............................. |
| 9 | .............................. |
| 10 | .............................. |

| **Evaluation** | | | |
|---|---|---|---|
| **N°** | **100%** | **50%** | **0%** |
| 1 | | | |
| 2 | | | |
| 3 | | | |
| 4 | | | |
| 5 | | | |
| 6 | | | |
| 7 | | | |
| 8 | | | |
| 9 | | | |
| 10 | | | |

**Notes**

............................................................

............................................................

............................................................

............................................................

............................................................

<u>My day:......./......./..................</u>

| Daily plan | |
|---|---|
| **N°** | |
| 1 | .............................. |
| 2 | .............................. |
| 3 | .............................. |
| 4 | .............................. |
| 5 | .............................. |
| 6 | .............................. |
| 7 | .............................. |
| 8 | .............................. |
| 9 | .............................. |
| 10 | .............................. |

| Evaluation | | | |
|---|---|---|---|
| **N°** | **100%** | **50%** | **0%** |
| 1 | | | |
| 2 | | | |
| 3 | | | |
| 4 | | | |
| 5 | | | |
| 6 | | | |
| 7 | | | |
| 8 | | | |
| 9 | | | |
| 10 | | | |

## Notes

..........................................................................

..........................................................................

..........................................................................

..........................................................................

..........................................................................

## Daily plan

| N° | |
|---|---|
| 1 | ............................... |
| 2 | ............................... |
| 3 | ............................... |
| 4 | ............................... |
| 5 | ............................... |
| 6 | ............................... |
| 7 | ............................... |
| 8 | ............................... |
| 9 | ............................... |
| 10 | ............................... |

## Evaluation

| N° | 100% | 50% | 0% |
|---|---|---|---|
| 1 | | | |
| 2 | | | |
| 3 | | | |
| 4 | | | |
| 5 | | | |
| 6 | | | |
| 7 | | | |
| 8 | | | |
| 9 | | | |
| 10 | | | |

## Notes

.................................................................

.................................................................

.................................................................

.................................................................

.................................................................

<u>*My day:*</u> ...... / ...... / ..................

<table>
<tr><td colspan="2" align="center">**Daily plan**</td></tr>
<tr><td>**N°**</td><td></td></tr>
<tr><td>1</td><td>..............................</td></tr>
<tr><td>2</td><td>..............................</td></tr>
<tr><td>3</td><td>..............................</td></tr>
<tr><td>4</td><td>..............................</td></tr>
<tr><td>5</td><td>..............................</td></tr>
<tr><td>6</td><td>..............................</td></tr>
<tr><td>7</td><td>..............................</td></tr>
<tr><td>8</td><td>..............................</td></tr>
<tr><td>9</td><td>..............................</td></tr>
<tr><td>10</td><td>..............................</td></tr>
</table>

| Evaluation | | | |
|---|---|---|---|
| **N°** | **100%** | **50%** | **0%** |
| 1 | | | |
| 2 | | | |
| 3 | | | |
| 4 | | | |
| 5 | | | |
| 6 | | | |
| 7 | | | |
| 8 | | | |
| 9 | | | |
| 10 | | | |

**Notes**

..........................................................................

..........................................................................

..........................................................................

..........................................................................

..........................................................................

<u>*My day:*</u> ........ / ........ / ....................

## Daily plan

| N° | |
|---|---|
| 1 | ........................... |
| 2 | ........................... |
| 3 | ........................... |
| 4 | ........................... |
| 5 | ........................... |
| 6 | ........................... |
| 7 | ........................... |
| 8 | ........................... |
| 9 | ........................... |
| 10 | ........................... |

## Evaluation

| N° | 100% | 50% | 0% |
|---|---|---|---|
| 1 | | | |
| 2 | | | |
| 3 | | | |
| 4 | | | |
| 5 | | | |
| 6 | | | |
| 7 | | | |
| 8 | | | |
| 9 | | | |
| 10 | | | |

## Notes

..............................................................

..............................................................

..............................................................

..............................................................

..............................................................

<u>*My day:* ........./......./..............................</u>

<table>
<tr><td colspan="2" align="center">Daily plan</td></tr>
<tr><td>N°</td><td></td></tr>
<tr><td>1</td><td>.................................</td></tr>
<tr><td>2</td><td>.................................</td></tr>
<tr><td>3</td><td>.................................</td></tr>
<tr><td>4</td><td>.................................</td></tr>
<tr><td>5</td><td>.................................</td></tr>
<tr><td>6</td><td>.................................</td></tr>
<tr><td>7</td><td>.................................</td></tr>
<tr><td>8</td><td>.................................</td></tr>
<tr><td>9</td><td>.................................</td></tr>
<tr><td>10</td><td>.................................</td></tr>
</table>

| Evaluation | | | |
| --- | --- | --- | --- |
| N° | 100% | 50% | 0% |
| 1 | | | |
| 2 | | | |
| 3 | | | |
| 4 | | | |
| 5 | | | |
| 6 | | | |
| 7 | | | |
| 8 | | | |
| 9 | | | |
| 10 | | | |

**Notes**

.................................................................................

.................................................................................

.................................................................................

.................................................................................

.................................................................................

<u>**My day:**</u> ........ / ........ / ........................

## Daily plan

| N° | |
|---|---|
| 1 | .............................. |
| 2 | .............................. |
| 3 | .............................. |
| 4 | .............................. |
| 5 | .............................. |
| 6 | .............................. |
| 7 | .............................. |
| 8 | .............................. |
| 9 | .............................. |
| 10 | .............................. |

## Evaluation

| N° | 100% | 50% | 0% |
|---|---|---|---|
| 1 | | | |
| 2 | | | |
| 3 | | | |
| 4 | | | |
| 5 | | | |
| 6 | | | |
| 7 | | | |
| 8 | | | |
| 9 | | | |
| 10 | | | |

## Notes

..............................................................................

..............................................................................

..............................................................................

..............................................................................

..............................................................................

<u>My day:</u> ........ / ........ / ................................

| | Daily plan |
|---|---|
| **N°** | |
| 1 | .............................. |
| 2 | .............................. |
| 3 | .............................. |
| 4 | .............................. |
| 5 | .............................. |
| 6 | .............................. |
| 7 | .............................. |
| 8 | .............................. |
| 9 | .............................. |
| 10 | .............................. |

| Evaluation | | | |
|---|---|---|---|
| **N°** | **100%** | **50%** | **0%** |
| 1 | | | |
| 2 | | | |
| 3 | | | |
| 4 | | | |
| 5 | | | |
| 6 | | | |
| 7 | | | |
| 8 | | | |
| 9 | | | |
| 10 | | | |

## Notes

..................................................................................

..................................................................................

..................................................................................

..................................................................................

..................................................................................

<u>*My day:*</u> ........ / ........ / ...................

## Daily plan

| N° | |
|---|---|
| 1 | ............................................. |
| 2 | ............................................. |
| 3 | ............................................. |
| 4 | ............................................. |
| 5 | ............................................. |
| 6 | ............................................. |
| 7 | ............................................. |
| 8 | ............................................. |
| 9 | ............................................. |
| 10 | ............................................. |

## Évaluation

| N° | 100% | 50% | 0% |
|---|---|---|---|
| 1 | | | |
| 2 | | | |
| 3 | | | |
| 4 | | | |
| 5 | | | |
| 6 | | | |
| 7 | | | |
| 8 | | | |
| 9 | | | |
| 10 | | | |

## Notes

...........................................................................

...........................................................................

...........................................................................

...........................................................................

...........................................................................

<u>**My day:** ...... / ...... / ...............</u>

| Daily plan | |
|---|---|
| **N°** | |
| 1 | .............................. |
| 2 | .............................. |
| 3 | .............................. |
| 4 | .............................. |
| 5 | .............................. |
| 6 | .............................. |
| 7 | .............................. |
| 8 | .............................. |
| 9 | .............................. |
| 10 | .............................. |

| N° | 100% | 50% | 0% |
|---|---|---|---|
| 1 | | | |
| 2 | | | |
| 3 | | | |
| 4 | | | |
| 5 | | | |
| 6 | | | |
| 7 | | | |
| 8 | | | |
| 9 | | | |
| 10 | | | |

## Evaluation

## Notes

..............................................................................

..............................................................................

..............................................................................

..............................................................................

..............................................................................

<u>*My day:* ........ / ........ / .................</u>

## Daily plan

| N° | |
|---|---|
| 1 | ................................. |
| 2 | ................................. |
| 3 | ................................. |
| 4 | ................................. |
| 5 | ................................. |
| 6 | ................................. |
| 7 | ................................. |
| 8 | ................................. |
| 9 | ................................. |
| 10 | ................................. |

## Evaluation

| N° | 100% | 50% | 0% |
|---|---|---|---|
| 1 | | | |
| 2 | | | |
| 3 | | | |
| 4 | | | |
| 5 | | | |
| 6 | | | |
| 7 | | | |
| 8 | | | |
| 9 | | | |
| 10 | | | |

## Notes

.................................................................................

.................................................................................

.................................................................................

.................................................................................

.................................................................................

# My day: ...... / ...... / ..............

## Daily plan

| N° | |
|---|---|
| 1 | ................................... |
| 2 | ................................... |
| 3 | ................................... |
| 4 | ................................... |
| 5 | ................................... |
| 6 | ................................... |
| 7 | ................................... |
| 8 | ................................... |
| 9 | ................................... |
| 10 | ................................... |

## Evaluation

| N° | 100% | 50% | 0% |
|---|---|---|---|
| 1 | | | |
| 2 | | | |
| 3 | | | |
| 4 | | | |
| 5 | | | |
| 6 | | | |
| 7 | | | |
| 8 | | | |
| 9 | | | |
| 10 | | | |

## Notes

.......................................................................................

.......................................................................................

.......................................................................................

.......................................................................................

.......................................................................................

<u>*My day:* ...... / ...... / ..............</u>

| Daily plan | |
|---|---|
| **N°** | |
| 1 | .................................... |
| 2 | .................................... |
| 3 | .................................... |
| 4 | .................................... |
| 5 | .................................... |
| 6 | .................................... |
| 7 | .................................... |
| 8 | .................................... |
| 9 | .................................... |
| 10 | .................................... |

| N° | 100% | 50% | 0% |
|---|---|---|---|
| 1 | | | |
| 2 | | | |
| 3 | | | |
| 4 | | | |
| 5 | | | |
| 6 | | | |
| 7 | | | |
| 8 | | | |
| 9 | | | |
| 10 | | | |

## Evaluation

## Notes

....................................................................................

....................................................................................

....................................................................................

....................................................................................

....................................................................................

<u>*My day:* ...... / ...... / ..............</u>

| Daily plan | |
|---|---|
| N° | |
| 1 | .......................... |
| 2 | .......................... |
| 3 | .......................... |
| 4 | .......................... |
| 5 | .......................... |
| 6 | .......................... |
| 7 | .......................... |
| 8 | .......................... |
| 9 | .......................... |
| 10 | .......................... |

| N° | 100% | 50% | 0% |
|---|---|---|---|
| 1 | | | |
| 2 | | | |
| 3 | | | |
| 4 | | | |
| 5 | | | |
| 6 | | | |
| 7 | | | |
| 8 | | | |
| 9 | | | |
| 10 | | | |

**Evaluation**

## Notes

..............................................................

..............................................................

..............................................................

..............................................................

..............................................................

## Daily plan

| N° | |
|---|---|
| 1 | .......................... |
| 2 | .......................... |
| 3 | .......................... |
| 4 | .......................... |
| 5 | .......................... |
| 6 | .......................... |
| 7 | .......................... |
| 8 | .......................... |
| 9 | .......................... |
| 10 | .......................... |

## Evaluation

| N° | 100% | 50% | 0% |
|---|---|---|---|
| 1 | | | |
| 2 | | | |
| 3 | | | |
| 4 | | | |
| 5 | | | |
| 6 | | | |
| 7 | | | |
| 8 | | | |
| 9 | | | |
| 10 | | | |

## Notes

..........................................................
..........................................................
..........................................................
..........................................................
..........................................................

<u>*My day:* ........ / ........ / ................</u>

## Daily plan

| N° | |
|----|----|
| 1 | ............................... |
| 2 | ............................... |
| 3 | ............................... |
| 4 | ............................... |
| 5 | ............................... |
| 6 | ............................... |
| 7 | ............................... |
| 8 | ............................... |
| 9 | ............................... |
| 10 | ............................... |

## Evaluation

| N° | 100% | 50% | 0% |
|----|------|-----|-----|
| 1 | | | |
| 2 | | | |
| 3 | | | |
| 4 | | | |
| 5 | | | |
| 6 | | | |
| 7 | | | |
| 8 | | | |
| 9 | | | |
| 10 | | | |

## Notes

..................................................................

..................................................................

..................................................................

..................................................................

..................................................................

## Daily plan

| N° | |
|----|---|
| 1 | .......................... |
| 2 | .......................... |
| 3 | .......................... |
| 4 | .......................... |
| 5 | .......................... |
| 6 | .......................... |
| 7 | .......................... |
| 8 | .......................... |
| 9 | .......................... |
| 10 | .......................... |

## Evaluation

| N° | 100% | 50% | 0% |
|----|------|-----|-----|
| 1 | | | |
| 2 | | | |
| 3 | | | |
| 4 | | | |
| 5 | | | |
| 6 | | | |
| 7 | | | |
| 8 | | | |
| 9 | | | |
| 10 | | | |

## Notes

....................................................................
....................................................................
....................................................................
....................................................................
....................................................................

My day: ........ / ........ / ....................

## Daily plan

| N° | |
|----|----|
| 1 | .......................... |
| 2 | .......................... |
| 3 | .......................... |
| 4 | .......................... |
| 5 | .......................... |
| 6 | .......................... |
| 7 | .......................... |
| 8 | .......................... |
| 9 | .......................... |
| 10 | .......................... |

## Evaluation

| N° | 100% | 50% | 0% |
|----|------|-----|-----|
| 1 | | | |
| 2 | | | |
| 3 | | | |
| 4 | | | |
| 5 | | | |
| 6 | | | |
| 7 | | | |
| 8 | | | |
| 9 | | | |
| 10 | | | |

## Notes

..............................................................
..............................................................
..............................................................
..............................................................
..............................................................

<u>*My day:* ...... / ...... / ..................</u>

## Daily plan

| N° | |
|----|----|
| 1 | .............................. |
| 2 | .............................. |
| 3 | .............................. |
| 4 | .............................. |
| 5 | .............................. |
| 6 | .............................. |
| 7 | .............................. |
| 8 | .............................. |
| 9 | .............................. |
| 10 | .............................. |

## Evaluation

| N° | 100% | 50% | 0% |
|----|------|-----|-----|
| 1 | | | |
| 2 | | | |
| 3 | | | |
| 4 | | | |
| 5 | | | |
| 6 | | | |
| 7 | | | |
| 8 | | | |
| 9 | | | |
| 10 | | | |

## Notes

..............................................................................

..............................................................................

..............................................................................

..............................................................................

..............................................................................

<u>*My day*: ......... / ......... / ...................</u>

| Daily plan | |
|---|---|
| **N°** | |
| 1 | .......................... |
| 2 | .......................... |
| 3 | .......................... |
| 4 | .......................... |
| 5 | .......................... |
| 6 | .......................... |
| 7 | .......................... |
| 8 | .......................... |
| 9 | .......................... |
| 10 | .......................... |

| **N°** | **100%** | **50%** | **0%** |
|---|---|---|---|
| 1 | | | |
| 2 | | | |
| 3 | | | |
| 4 | | | |
| 5 | | | |
| 6 | | | |
| 7 | | | |
| 8 | | | |
| 9 | | | |
| 10 | | | |

**Evaluation**

## Notes

..................................................................

..................................................................

..................................................................

..................................................................

..................................................................

<u>*My day:* ...... / ...... / ..................</u>

## Daily plan

| N° | |
|---|---|
| 1 | .................................. |
| 2 | .................................. |
| 3 | .................................. |
| 4 | .................................. |
| 5 | .................................. |
| 6 | .................................. |
| 7 | .................................. |
| 8 | .................................. |
| 9 | .................................. |
| 10 | .................................. |

## Evaluation

| N° | 100% | 50% | 0% |
|---|---|---|---|
| 1 | | | |
| 2 | | | |
| 3 | | | |
| 4 | | | |
| 5 | | | |
| 6 | | | |
| 7 | | | |
| 8 | | | |
| 9 | | | |
| 10 | | | |

## Notes

..................................................................

..................................................................

..................................................................

..................................................................

..................................................................

## Daily plan

| N° | |
|---|---|
| 1 | .............................. |
| 2 | .............................. |
| 3 | .............................. |
| 4 | .............................. |
| 5 | .............................. |
| 6 | .............................. |
| 7 | .............................. |
| 8 | .............................. |
| 9 | .............................. |
| 10 | .............................. |

## Evaluation

| N° | 100% | 50% | 0% |
|---|---|---|---|
| 1 | | | |
| 2 | | | |
| 3 | | | |
| 4 | | | |
| 5 | | | |
| 6 | | | |
| 7 | | | |
| 8 | | | |
| 9 | | | |
| 10 | | | |

## Notes

..................................................................

..................................................................

..................................................................

..................................................................

..................................................................

<u>*My day:* ...... / ...... / ...................</u>

| **Daily plan** |
|:--:|

| N° | |
|:--:|---|
| 1 | .......................... |
| 2 | .......................... |
| 3 | .......................... |
| 4 | .......................... |
| 5 | .......................... |
| 6 | .......................... |
| 7 | .......................... |
| 8 | .......................... |
| 9 | .......................... |
| 10 | .......................... |

| **Evaluation** | | |
|:--:|:--:|:--:|

| N° | 100% | 50% | 0% |
|:--:|:--:|:--:|:--:|
| 1 | | | |
| 2 | | | |
| 3 | | | |
| 4 | | | |
| 5 | | | |
| 6 | | | |
| 7 | | | |
| 8 | | | |
| 9 | | | |
| 10 | | | |

| **Notes** |
|:--:|

..........................................................

..........................................................

..........................................................

..........................................................

..........................................................

<u>My day: ......... / ........ / .....................</u>

## Daily plan

| N° | |
|----|----|
| 1 | ................................... |
| 2 | ................................... |
| 3 | ................................... |
| 4 | ................................... |
| 5 | ................................... |
| 6 | ................................... |
| 7 | ................................... |
| 8 | ................................... |
| 9 | ................................... |
| 10 | ................................... |

## Evaluation

| N° | 100% | 50% | 0% |
|----|------|-----|-----|
| 1 | | | |
| 2 | | | |
| 3 | | | |
| 4 | | | |
| 5 | | | |
| 6 | | | |
| 7 | | | |
| 8 | | | |
| 9 | | | |
| 10 | | | |

## Notes

................................................................................

................................................................................

................................................................................

................................................................................

................................................................................

<u>*My day:* ...... / ...... / ..................</u>

## Daily plan

| N° | |
|----|---|
| 1 | .............................. |
| 2 | .............................. |
| 3 | .............................. |
| 4 | .............................. |
| 5 | .............................. |
| 6 | .............................. |
| 7 | .............................. |
| 8 | .............................. |
| 9 | .............................. |
| 10 | .............................. |

## Evaluation

| N° | 100% | 50% | 0% |
|----|------|-----|-----|
| 1 | | | |
| 2 | | | |
| 3 | | | |
| 4 | | | |
| 5 | | | |
| 6 | | | |
| 7 | | | |
| 8 | | | |
| 9 | | | |
| 10 | | | |

## Notes

..................................................................................

..................................................................................

..................................................................................

..................................................................................

..................................................................................

<u>*My day:*</u> ........ / ........ / ..................

| | Daily plan |
|---|---|
| **N°** | |
| 1 | .......................................... |
| 2 | .......................................... |
| 3 | .......................................... |
| 4 | .......................................... |
| 5 | .......................................... |
| 6 | .......................................... |
| 7 | .......................................... |
| 8 | .......................................... |
| 9 | .......................................... |
| 10 | .......................................... |

| | Evaluation | | |
|---|---|---|---|
| **N°** | **100%** | **50%** | **0%** |
| 1 | | | |
| 2 | | | |
| 3 | | | |
| 4 | | | |
| 5 | | | |
| 6 | | | |
| 7 | | | |
| 8 | | | |
| 9 | | | |
| 10 | | | |

## Notes

..................................................................................

..................................................................................

..................................................................................

..................................................................................

..................................................................................

## Daily plan

| N° | |
|----|----|
| 1 | ............................... |
| 2 | ............................... |
| 3 | ............................... |
| 4 | ............................... |
| 5 | ............................... |
| 6 | ............................... |
| 7 | ............................... |
| 8 | ............................... |
| 9 | ............................... |
| 10 | ............................... |

## Evaluation

| N° | 100% | 50% | 0% |
|----|------|-----|-----|
| 1 | | | |
| 2 | | | |
| 3 | | | |
| 4 | | | |
| 5 | | | |
| 6 | | | |
| 7 | | | |
| 8 | | | |
| 9 | | | |
| 10 | | | |

## Notes

...................................................................

...................................................................

...................................................................

...................................................................

...................................................................

<u>*My day:* ...... / ...... / ..................</u>

## Daily plan

| N° | |
|----|----|
| 1 | .............................. |
| 2 | .............................. |
| 3 | .............................. |
| 4 | .............................. |
| 5 | .............................. |
| 6 | .............................. |
| 7 | .............................. |
| 8 | .............................. |
| 9 | .............................. |
| 10 | .............................. |

## Evaluation

| N° | 100% | 50% | 0% |
|----|------|-----|-----|
| 1 | | | |
| 2 | | | |
| 3 | | | |
| 4 | | | |
| 5 | | | |
| 6 | | | |
| 7 | | | |
| 8 | | | |
| 9 | | | |
| 10 | | | |

## Notes

..................................................................

..................................................................

..................................................................

..................................................................

..................................................................

<u>*My day:* ...... / ...... / ..................</u>

## Daily plan

| N° | |
|----|----|
| 1 | .......................................... |
| 2 | .......................................... |
| 3 | .......................................... |
| 4 | .......................................... |
| 5 | .......................................... |
| 6 | .......................................... |
| 7 | .......................................... |
| 8 | .......................................... |
| 9 | .......................................... |
| 10 | .......................................... |

## Evaluation

| N° | 100% | 50% | 0% |
|----|------|-----|-----|
| 1 | | | |
| 2 | | | |
| 3 | | | |
| 4 | | | |
| 5 | | | |
| 6 | | | |
| 7 | | | |
| 8 | | | |
| 9 | | | |
| 10 | | | |

## Notes

..........................................................................................

..........................................................................................

..........................................................................................

..........................................................................................

..........................................................................................

<u>*My day:* ...... / ...... / ...............</u>

| Daily plan | |
|---|---|
| **N°** | |
| 1 | ................................... |
| 2 | ................................... |
| 3 | ................................... |
| 4 | ................................... |
| 5 | ................................... |
| 6 | ................................... |
| 7 | ................................... |
| 8 | ................................... |
| 9 | ................................... |
| 10 | ................................... |

| **Evaluation** | | | |
|---|---|---|---|
| **N°** | **100%** | **50%** | **0%** |
| 1 | | | |
| 2 | | | |
| 3 | | | |
| 4 | | | |
| 5 | | | |
| 6 | | | |
| 7 | | | |
| 8 | | | |
| 9 | | | |
| 10 | | | |

## Notes

...................................................................

...................................................................

...................................................................

...................................................................

...................................................................

<u>*My day:* ...... / ...... / ..............</u>

| **Daily plan** |  |
| --- | --- |
| **N°** |  |
| 1 | .............................. |
| 2 | .............................. |
| 3 | .............................. |
| 4 | .............................. |
| 5 | .............................. |
| 6 | .............................. |
| 7 | .............................. |
| 8 | .............................. |
| 9 | .............................. |
| 10 | .............................. |

| **Evaluation** |  |  |  |
| --- | --- | --- | --- |
| **N°** | **100%** | **50%** | **0%** |
| 1 |  |  |  |
| 2 |  |  |  |
| 3 |  |  |  |
| 4 |  |  |  |
| 5 |  |  |  |
| 6 |  |  |  |
| 7 |  |  |  |
| 8 |  |  |  |
| 9 |  |  |  |
| 10 |  |  |  |

## Notes

..............................................................

..............................................................

..............................................................

..............................................................

..............................................................

<u>My day</u>: ........ / ........ / ...................

| N° | Daily plan |
|---|---|
| 1 | ............................... |
| 2 | ............................... |
| 3 | ............................... |
| 4 | ............................... |
| 5 | ............................... |
| 6 | ............................... |
| 7 | ............................... |
| 8 | ............................... |
| 9 | ............................... |
| 10 | ............................... |

| N° | 100% | 50% | 0% |
|---|---|---|---|
| 1 | | | |
| 2 | | | |
| 3 | | | |
| 4 | | | |
| 5 | | | |
| 6 | | | |
| 7 | | | |
| 8 | | | |
| 9 | | | |
| 10 | | | |

**Notes**

...........................................................................

...........................................................................

...........................................................................

...........................................................................

...........................................................................

<u>*My day:* ...... / ...... / ................</u>

## Daily plan

| N° | |
|----|---|
| 1 | ................................ |
| 2 | ................................ |
| 3 | ................................ |
| 4 | ................................ |
| 5 | ................................ |
| 6 | ................................ |
| 7 | ................................ |
| 8 | ................................ |
| 9 | ................................ |
| 10 | ................................ |

## Evaluation

| N° | 100% | 50% | 0% |
|----|------|-----|-----|
| 1 | | | |
| 2 | | | |
| 3 | | | |
| 4 | | | |
| 5 | | | |
| 6 | | | |
| 7 | | | |
| 8 | | | |
| 9 | | | |
| 10 | | | |

## Notes

................................................................
................................................................
................................................................
................................................................
................................................................

<u>*My day:* ....... / ....... / ................</u>

## Daily plan

| N° | |
|----|----|
| 1 | ................................. |
| 2 | ................................. |
| 3 | ................................. |
| 4 | ................................. |
| 5 | ................................. |
| 6 | ................................. |
| 7 | ................................. |
| 8 | ................................. |
| 9 | ................................. |
| 10 | ................................. |

## Evaluation

| N° | 100% | 50% | 0% |
|----|------|-----|-----|
| 1 | | | |
| 2 | | | |
| 3 | | | |
| 4 | | | |
| 5 | | | |
| 6 | | | |
| 7 | | | |
| 8 | | | |
| 9 | | | |
| 10 | | | |

## Notes

.................................................................................

.................................................................................

.................................................................................

.................................................................................

.................................................................................

<u>*My day:* ......... / ......... / ......................</u>

## Daily plan

| N° | |
|---|---|
| 1 | .............................. |
| 2 | .............................. |
| 3 | .............................. |
| 4 | .............................. |
| 5 | .............................. |
| 6 | .............................. |
| 7 | .............................. |
| 8 | .............................. |
| 9 | .............................. |
| 10 | .............................. |

## Evaluation

| N° | 100% | 50% | 0% |
|---|---|---|---|
| 1 | | | |
| 2 | | | |
| 3 | | | |
| 4 | | | |
| 5 | | | |
| 6 | | | |
| 7 | | | |
| 8 | | | |
| 9 | | | |
| 10 | | | |

## Notes

..............................................................................

..............................................................................

..............................................................................

..............................................................................

..............................................................................

<u>*My day:* ...... / ...... / ...............</u>

## Daily plan

| N° | |
|----|----|
| 1 | ................................. |
| 2 | ................................. |
| 3 | ................................. |
| 4 | ................................. |
| 5 | ................................. |
| 6 | ................................. |
| 7 | ................................. |
| 8 | ................................. |
| 9 | ................................. |
| 10 | ................................. |

## Evaluation

| N° | 100% | 50% | 0% |
|----|------|-----|-----|
| 1 | | | |
| 2 | | | |
| 3 | | | |
| 4 | | | |
| 5 | | | |
| 6 | | | |
| 7 | | | |
| 8 | | | |
| 9 | | | |
| 10 | | | |

## Notes

..................................................................................

..................................................................................

..................................................................................

..................................................................................

..................................................................................

<u>My day: . . . . . . . / . . . . . . . / . . . . . . . . . . . . . . . . . .</u>

## Daily plan

| N° | |
|---|---|
| 1 | …………………………… |
| 2 | …………………………… |
| 3 | …………………………… |
| 4 | …………………………… |
| 5 | …………………………… |
| 6 | …………………………… |
| 7 | …………………………… |
| 8 | …………………………… |
| 9 | …………………………… |
| 10 | …………………………… |

## Evaluation

| N° | 100% | 50% | 0% |
|---|---|---|---|
| 1 | | | |
| 2 | | | |
| 3 | | | |
| 4 | | | |
| 5 | | | |
| 6 | | | |
| 7 | | | |
| 8 | | | |
| 9 | | | |
| 10 | | | |

## Notes

……………………………………………………………………………

……………………………………………………………………………

……………………………………………………………………………

……………………………………………………………………………

……………………………………………………………………………

<u>*My day:*</u> ...... / ...... / ..............

| **Daily plan** |  |
| --- | --- |
| **N°** |  |
| 1 | .......................... |
| 2 | .......................... |
| 3 | .......................... |
| 4 | .......................... |
| 5 | .......................... |
| 6 | .......................... |
| 7 | .......................... |
| 8 | .......................... |
| 9 | .......................... |
| 10 | .......................... |

| **Evaluation** |  |  |  |
| --- | --- | --- | --- |
| **N°** | **100%** | **50%** | **0%** |
| 1 |  |  |  |
| 2 |  |  |  |
| 3 |  |  |  |
| 4 |  |  |  |
| 5 |  |  |  |
| 6 |  |  |  |
| 7 |  |  |  |
| 8 |  |  |  |
| 9 |  |  |  |
| 10 |  |  |  |

**Notes**

..................................................................

..................................................................

..................................................................

..................................................................

..................................................................

<u>*My day:* ...... / ...... / ................</u>

| N° | Daily plan |
|----|-----------|
| 1 | ............................... |
| 2 | ............................... |
| 3 | ............................... |
| 4 | ............................... |
| 5 | ............................... |
| 6 | ............................... |
| 7 | ............................... |
| 8 | ............................... |
| 9 | ............................... |
| 10 | ............................... |

| N° | 100% | 50% | 0% |
|----|------|-----|-----|
| 1 | | | |
| 2 | | | |
| 3 | | | |
| 4 | | | |
| 5 | | | |
| 6 | | | |
| 7 | | | |
| 8 | | | |
| 9 | | | |
| 10 | | | |

## Notes

...............................................................................

...............................................................................

...............................................................................

...............................................................................

...............................................................................

<u>*My day:* ......./......./...............</u>

## Daily plan

| N° | |
|----|---|
| 1 | ............................... |
| 2 | ............................... |
| 3 | ............................... |
| 4 | ............................... |
| 5 | ............................... |
| 6 | ............................... |
| 7 | ............................... |
| 8 | ............................... |
| 9 | ............................... |
| 10 | ............................... |

## Evaluation

| N° | 100% | 50% | 0% |
|----|------|-----|-----|
| 1 | | | |
| 2 | | | |
| 3 | | | |
| 4 | | | |
| 5 | | | |
| 6 | | | |
| 7 | | | |
| 8 | | | |
| 9 | | | |
| 10 | | | |

## Notes

.................................................................................

.................................................................................

.................................................................................

.................................................................................

.................................................................................

<u>*My day:* ........ / ........ / ..................</u>

| Daily plan | |
| --- | --- |
| **N°** | |
| 1 | .............................. |
| 2 | .............................. |
| 3 | .............................. |
| 4 | .............................. |
| 5 | .............................. |
| 6 | .............................. |
| 7 | .............................. |
| 8 | .............................. |
| 9 | .............................. |
| 10 | .............................. |

| Evaluation | | | |
| --- | --- | --- | --- |
| **N°** | **100%** | **50%** | **0%** |
| 1 | | | |
| 2 | | | |
| 3 | | | |
| 4 | | | |
| 5 | | | |
| 6 | | | |
| 7 | | | |
| 8 | | | |
| 9 | | | |
| 10 | | | |

## Notes

..................................................................

..................................................................

..................................................................

..................................................................

..................................................................

<u>*My day:* ...... / ...... / ..............</u>

## Daily plan

| N° | |
|----|---|
| 1 | .............................. |
| 2 | .............................. |
| 3 | .............................. |
| 4 | .............................. |
| 5 | .............................. |
| 6 | .............................. |
| 7 | .............................. |
| 8 | .............................. |
| 9 | .............................. |
| 10 | .............................. |

## Evaluation

| N° | 100% | 50% | 0% |
|----|------|-----|-----|
| 1 | | | |
| 2 | | | |
| 3 | | | |
| 4 | | | |
| 5 | | | |
| 6 | | | |
| 7 | | | |
| 8 | | | |
| 9 | | | |
| 10 | | | |

## Notes

..............................................................

..............................................................

..............................................................

..............................................................

..............................................................

## Daily plan

| N° | |
|---|---|
| 1 | |
| 2 | |
| 3 | |
| 4 | |
| 5 | |
| 6 | |
| 7 | |
| 8 | |
| 9 | |
| 10 | |

## Evaluation

| N° | 100% | 50% | 0% |
|---|---|---|---|
| 1 | | | |
| 2 | | | |
| 3 | | | |
| 4 | | | |
| 5 | | | |
| 6 | | | |
| 7 | | | |
| 8 | | | |
| 9 | | | |
| 10 | | | |

## Notes

# My day: ……… / ……… / ………………

| **Daily plan** | |
| :---: | :--- |
| **N°** | |
| 1 | …………………………………… |
| 2 | …………………………………… |
| 3 | …………………………………… |
| 4 | …………………………………… |
| 5 | …………………………………… |
| 6 | …………………………………… |
| 7 | …………………………………… |
| 8 | …………………………………… |
| 9 | …………………………………… |
| 10 | …………………………………… |

| **Evaluation** | | | |
| :---: | :---: | :---: | :---: |
| **N°** | **100%** | **50%** | **0%** |
| 1 | | | |
| 2 | | | |
| 3 | | | |
| 4 | | | |
| 5 | | | |
| 6 | | | |
| 7 | | | |
| 8 | | | |
| 9 | | | |
| 10 | | | |

## Notes

………………………………………………………………………………………

………………………………………………………………………………………

………………………………………………………………………………………

………………………………………………………………………………………

………………………………………………………………………………………

My day: ...... / ...... / ...............

## Daily plan

| N° | |
|---|---|
| 1 | |
| 2 | |
| 3 | |
| 4 | |
| 5 | |
| 6 | |
| 7 | |
| 8 | |
| 9 | |
| 10 | |

## Evaluation

| N° | 100% | 50% | 0% |
|---|---|---|---|
| 1 | | | |
| 2 | | | |
| 3 | | | |
| 4 | | | |
| 5 | | | |
| 6 | | | |
| 7 | | | |
| 8 | | | |
| 9 | | | |
| 10 | | | |

## Notes

<u>My day:</u> ......./......./.................

## Daily plan

| N° | |
|---|---|
| 1 | ................................... |
| 2 | ................................... |
| 3 | ................................... |
| 4 | ................................... |
| 5 | ................................... |
| 6 | ................................... |
| 7 | ................................... |
| 8 | ................................... |
| 9 | ................................... |
| 10 | ................................... |

## Evaluation

| N° | 100% | 50% | 0% |
|---|---|---|---|
| 1 | | | |
| 2 | | | |
| 3 | | | |
| 4 | | | |
| 5 | | | |
| 6 | | | |
| 7 | | | |
| 8 | | | |
| 9 | | | |
| 10 | | | |

## Notes

.................................................................................
.................................................................................
.................................................................................
.................................................................................
.................................................................................

<u>*My day:* ...... / ...... / ..............</u>

## Daily plan

| N° | |
|---|---|
| 1 | .............................. |
| 2 | .............................. |
| 3 | .............................. |
| 4 | .............................. |
| 5 | .............................. |
| 6 | .............................. |
| 7 | .............................. |
| 8 | .............................. |
| 9 | .............................. |
| 10 | .............................. |

## Evaluation

| N° | 100% | 50% | 0% |
|---|---|---|---|
| 1 | | | |
| 2 | | | |
| 3 | | | |
| 4 | | | |
| 5 | | | |
| 6 | | | |
| 7 | | | |
| 8 | | | |
| 9 | | | |
| 10 | | | |

## Notes

..............................................................

..............................................................

..............................................................

..............................................................

..............................................................

<u>My day:</u> ...... / ...... / ................

| Daily plan | |
|---|---|
| N° | |
| 1 | ........................... |
| 2 | ........................... |
| 3 | ........................... |
| 4 | ........................... |
| 5 | ........................... |
| 6 | ........................... |
| 7 | ........................... |
| 8 | ........................... |
| 9 | ........................... |
| 10 | ........................... |

| Evaluation | | | |
|---|---|---|---|
| N° | 100% | 50% | 0% |
| 1 | | | |
| 2 | | | |
| 3 | | | |
| 4 | | | |
| 5 | | | |
| 6 | | | |
| 7 | | | |
| 8 | | | |
| 9 | | | |
| 10 | | | |

## Notes

...........................................................................

...........................................................................

...........................................................................

...........................................................................

...........................................................................

<u>*My day:* ...... / ...... / ....................</u>

## Daily plan

| N° | |
|---|---|
| 1 | .......................... |
| 2 | .......................... |
| 3 | .......................... |
| 4 | .......................... |
| 5 | .......................... |
| 6 | .......................... |
| 7 | .......................... |
| 8 | .......................... |
| 9 | .......................... |
| 10 | .......................... |

## Evaluation

| N° | 100% | 50% | 0% |
|---|---|---|---|
| 1 | | | |
| 2 | | | |
| 3 | | | |
| 4 | | | |
| 5 | | | |
| 6 | | | |
| 7 | | | |
| 8 | | | |
| 9 | | | |
| 10 | | | |

## Notes

..........................................................................

..........................................................................

..........................................................................

..........................................................................

..........................................................................

## Daily plan

| N° | |
|---|---|
| 1 | ................................ |
| 2 | ................................ |
| 3 | ................................ |
| 4 | ................................ |
| 5 | ................................ |
| 6 | ................................ |
| 7 | ................................ |
| 8 | ................................ |
| 9 | ................................ |
| 10 | ................................ |

## Evaluation

| N° | 100% | 50% | 0% |
|---|---|---|---|
| 1 | | | |
| 2 | | | |
| 3 | | | |
| 4 | | | |
| 5 | | | |
| 6 | | | |
| 7 | | | |
| 8 | | | |
| 9 | | | |
| 10 | | | |

## Notes

.................................................................

.................................................................

.................................................................

.................................................................

.................................................................

<u>*My day:* ........ / ........ / ..................</u>

| Daily plan | |
|---|---|
| **N°** | |
| 1 | ................................. |
| 2 | ................................. |
| 3 | ................................. |
| 4 | ................................. |
| 5 | ................................. |
| 6 | ................................. |
| 7 | ................................. |
| 8 | ................................. |
| 9 | ................................. |
| 10 | ................................. |

| Evaluation | | | |
|---|---|---|---|
| **N°** | **100%** | **50%** | **0%** |
| 1 | | | |
| 2 | | | |
| 3 | | | |
| 4 | | | |
| 5 | | | |
| 6 | | | |
| 7 | | | |
| 8 | | | |
| 9 | | | |
| 10 | | | |

## Notes

.................................................................................

.................................................................................

.................................................................................

.................................................................................

.................................................................................

<u>*My day:*</u> ........ / ........ / ....................

| | Daily plan |
|---|---|
| **N°** | |
| 1 | .......................... |
| 2 | .......................... |
| 3 | .......................... |
| 4 | .......................... |
| 5 | .......................... |
| 6 | .......................... |
| 7 | .......................... |
| 8 | .......................... |
| 9 | .......................... |
| 10 | .......................... |

| Evaluation | | | |
|---|---|---|---|
| **N°** | **100%** | **50%** | **0%** |
| 1 | | | |
| 2 | | | |
| 3 | | | |
| 4 | | | |
| 5 | | | |
| 6 | | | |
| 7 | | | |
| 8 | | | |
| 9 | | | |
| 10 | | | |

## Notes

.................................................................

.................................................................

.................................................................

.................................................................

.................................................................

# My day: ........ / ........ / ....................

## Daily plan

| N° | |
|---|---|
| 1 | .............................. |
| 2 | .............................. |
| 3 | .............................. |
| 4 | .............................. |
| 5 | .............................. |
| 6 | .............................. |
| 7 | .............................. |
| 8 | .............................. |
| 9 | .............................. |
| 10 | .............................. |

## Evaluation

| N° | 100% | 50% | 0% |
|---|---|---|---|
| 1 | | | |
| 2 | | | |
| 3 | | | |
| 4 | | | |
| 5 | | | |
| 6 | | | |
| 7 | | | |
| 8 | | | |
| 9 | | | |
| 10 | | | |

## Notes

..............................................................................

..............................................................................

..............................................................................

..............................................................................

..............................................................................

<u>*My day:* ....... / ...... / ...............</u>

## Daily plan

| N° | |
|----|---|
| 1 | ........................................ |
| 2 | ........................................ |
| 3 | ........................................ |
| 4 | ........................................ |
| 5 | ........................................ |
| 6 | ........................................ |
| 7 | ........................................ |
| 8 | ........................................ |
| 9 | ........................................ |
| 10 | ........................................ |

## Evaluation

| N° | 100% | 50% | 0% |
|----|------|-----|-----|
| 1 | | | |
| 2 | | | |
| 3 | | | |
| 4 | | | |
| 5 | | | |
| 6 | | | |
| 7 | | | |
| 8 | | | |
| 9 | | | |
| 10 | | | |

## Notes

........................................................................

........................................................................

........................................................................

........................................................................

........................................................................

<u>*My day:* ...... / ...... / ...............</u>

## Daily plan

| N° | |
|----|---|
| 1 | ............................... |
| 2 | ............................... |
| 3 | ............................... |
| 4 | ............................... |
| 5 | ............................... |
| 6 | ............................... |
| 7 | ............................... |
| 8 | ............................... |
| 9 | ............................... |
| 10 | ............................... |

## Evaluation

| N° | 100% | 50% | 0% |
|----|------|-----|-----|
| 1 | | | |
| 2 | | | |
| 3 | | | |
| 4 | | | |
| 5 | | | |
| 6 | | | |
| 7 | | | |
| 8 | | | |
| 9 | | | |
| 10 | | | |

## Notes

...............................................................

...............................................................

...............................................................

...............................................................

...............................................................

# My day: ...... / ...... / ..............

## Daily plan

| N° | |
|----|---|
| 1 | ............................... |
| 2 | ............................... |
| 3 | ............................... |
| 4 | ............................... |
| 5 | ............................... |
| 6 | ............................... |
| 7 | ............................... |
| 8 | ............................... |
| 9 | ............................... |
| 10 | ............................... |

## Evaluation

| N° | 100% | 50% | 0% |
|----|------|-----|-----|
| 1 | | | |
| 2 | | | |
| 3 | | | |
| 4 | | | |
| 5 | | | |
| 6 | | | |
| 7 | | | |
| 8 | | | |
| 9 | | | |
| 10 | | | |

## Notes

...........................................................................

...........................................................................

...........................................................................

...........................................................................

...........................................................................

# My day: ...... / ...... / ....................

## Daily plan

| N° | |
|---|---|
| 1 | .................................... |
| 2 | .................................... |
| 3 | .................................... |
| 4 | .................................... |
| 5 | .................................... |
| 6 | .................................... |
| 7 | .................................... |
| 8 | .................................... |
| 9 | .................................... |
| 10 | .................................... |

## Evaluation

| N° | 100% | 50% | 0% |
|---|---|---|---|
| 1 | | | |
| 2 | | | |
| 3 | | | |
| 4 | | | |
| 5 | | | |
| 6 | | | |
| 7 | | | |
| 8 | | | |
| 9 | | | |
| 10 | | | |

## Notes

....................................................................................

....................................................................................

....................................................................................

....................................................................................

....................................................................................

<u>*My day:*</u> ....... / ...... / ...............

| Daily plan | |
|---|---|
| N° | |
| 1 | ..................................... |
| 2 | ..................................... |
| 3 | ..................................... |
| 4 | ..................................... |
| 5 | ..................................... |
| 6 | ..................................... |
| 7 | ..................................... |
| 8 | ..................................... |
| 9 | ..................................... |
| 10 | ..................................... |

| Evaluation | | | |
|---|---|---|---|
| N° | 100% | 50% | 0% |
| 1 | | | |
| 2 | | | |
| 3 | | | |
| 4 | | | |
| 5 | | | |
| 6 | | | |
| 7 | | | |
| 8 | | | |
| 9 | | | |
| 10 | | | |

## Notes

.............................................................................

.............................................................................

.............................................................................

.............................................................................

.............................................................................

<u>*My day:*</u> ........ / ........ / ...........................

| | Daily plan |
|---|---|
| N° | |
| 1 | .......................... |
| 2 | .......................... |
| 3 | .......................... |
| 4 | .......................... |
| 5 | .......................... |
| 6 | .......................... |
| 7 | .......................... |
| 8 | .......................... |
| 9 | .......................... |
| 10 | .......................... |

| Evaluation | | | |
|---|---|---|---|
| N° | 100% | 50% | 0% |
| 1 | | | |
| 2 | | | |
| 3 | | | |
| 4 | | | |
| 5 | | | |
| 6 | | | |
| 7 | | | |
| 8 | | | |
| 9 | | | |
| 10 | | | |

## Notes

..............................................................

..............................................................

..............................................................

..............................................................

..............................................................

<u>*My day:* ...... / ...... / ..................</u>

| Daily plan | |
|---|---|
| **N°** | |
| 1 | .......................... |
| 2 | .......................... |
| 3 | .......................... |
| 4 | .......................... |
| 5 | .......................... |
| 6 | .......................... |
| 7 | .......................... |
| 8 | .......................... |
| 9 | .......................... |
| 10 | .......................... |

| Evaluation | | | |
|---|---|---|---|
| **N°** | **100%** | **50%** | **0%** |
| 1 | | | |
| 2 | | | |
| 3 | | | |
| 4 | | | |
| 5 | | | |
| 6 | | | |
| 7 | | | |
| 8 | | | |
| 9 | | | |
| 10 | | | |

## Notes

..................................................................

..................................................................

..................................................................

..................................................................

..................................................................

<u>*My day:* ...... / ...... / ..................</u>

<table>
<tr><td colspan="2">Daily plan</td><td colspan="4">Evaluation</td></tr>
</table>

| N° | | N° | 100% | 50% | 0% |
|---|---|---|---|---|---|
| 1 | .............................. | 1 | | | |
| 2 | .............................. | 2 | | | |
| 3 | .............................. | 3 | | | |
| 4 | .............................. | 4 | | | |
| 5 | .............................. | 5 | | | |
| 6 | .............................. | 6 | | | |
| 7 | .............................. | 7 | | | |
| 8 | .............................. | 8 | | | |
| 9 | .............................. | 9 | | | |
| 10 | .............................. | 10 | | | |

**Notes**

..................................................................................

..................................................................................

..................................................................................

..................................................................................

..................................................................................

<u>*My day:*</u> ...... / ...... / ..............

| **Daily plan** | |
| --- | --- |
| **N°** | |
| 1 | .................................... |
| 2 | .................................... |
| 3 | .................................... |
| 4 | .................................... |
| 5 | .................................... |
| 6 | .................................... |
| 7 | .................................... |
| 8 | .................................... |
| 9 | .................................... |
| 10 | .................................... |

| **Evaluation** | | | |
| --- | --- | --- | --- |
| **N°** | **100%** | **50%** | **0%** |
| 1 | | | |
| 2 | | | |
| 3 | | | |
| 4 | | | |
| 5 | | | |
| 6 | | | |
| 7 | | | |
| 8 | | | |
| 9 | | | |
| 10 | | | |

**Notes**

..........................................................................................

..........................................................................................

..........................................................................................

..........................................................................................

..........................................................................................

# My day: ........ / ........ / ..................

## Daily plan

| N° | |
|---|---|
| 1 | .............................. |
| 2 | .............................. |
| 3 | .............................. |
| 4 | .............................. |
| 5 | .............................. |
| 6 | .............................. |
| 7 | .............................. |
| 8 | .............................. |
| 9 | .............................. |
| 10 | .............................. |

## Evaluation

| N° | 100% | 50% | 0% |
|---|---|---|---|
| 1 | | | |
| 2 | | | |
| 3 | | | |
| 4 | | | |
| 5 | | | |
| 6 | | | |
| 7 | | | |
| 8 | | | |
| 9 | | | |
| 10 | | | |

## Notes

..............................................................................

..............................................................................

..............................................................................

..............................................................................

..............................................................................

<u>*My day:* ...... / ...... / ................</u>

## Daily plan

| N° | |
|----|----|
| 1 | ................................... |
| 2 | ................................... |
| 3 | ................................... |
| 4 | ................................... |
| 5 | ................................... |
| 6 | ................................... |
| 7 | ................................... |
| 8 | ................................... |
| 9 | ................................... |
| 10 | ................................... |

## Evaluation

| N° | 100% | 50% | 0% |
|----|------|-----|-----|
| 1 | | | |
| 2 | | | |
| 3 | | | |
| 4 | | | |
| 5 | | | |
| 6 | | | |
| 7 | | | |
| 8 | | | |
| 9 | | | |
| 10 | | | |

## Notes

...................................................................................

...................................................................................

...................................................................................

...................................................................................

...................................................................................

## Daily plan

| N° | |
|---|---|
| 1 | ..................................... |
| 2 | ..................................... |
| 3 | ..................................... |
| 4 | ..................................... |
| 5 | ..................................... |
| 6 | ..................................... |
| 7 | ..................................... |
| 8 | ..................................... |
| 9 | ..................................... |
| 10 | ..................................... |

## Evaluation

| N° | 100% | 50% | 0% |
|---|---|---|---|
| 1 | | | |
| 2 | | | |
| 3 | | | |
| 4 | | | |
| 5 | | | |
| 6 | | | |
| 7 | | | |
| 8 | | | |
| 9 | | | |
| 10 | | | |

## Notes

.......................................................................

.......................................................................

.......................................................................

.......................................................................

.......................................................................

<u>*My day:* ....... / ...... / ...............</u>

## Daily plan

| N° | |
|----|----|
| 1 | .................................... |
| 2 | .................................... |
| 3 | .................................... |
| 4 | .................................... |
| 5 | .................................... |
| 6 | .................................... |
| 7 | .................................... |
| 8 | .................................... |
| 9 | .................................... |
| 10 | .................................... |

## Evaluation

| N° | 100% | 50% | 0% |
|----|------|-----|-----|
| 1 | | | |
| 2 | | | |
| 3 | | | |
| 4 | | | |
| 5 | | | |
| 6 | | | |
| 7 | | | |
| 8 | | | |
| 9 | | | |
| 10 | | | |

## Notes

....................................................................................................

....................................................................................................

....................................................................................................

....................................................................................................

....................................................................................................

## Daily plan

| N° | |
|----|----|
| 1 | .................................... |
| 2 | .................................... |
| 3 | .................................... |
| 4 | .................................... |
| 5 | .................................... |
| 6 | .................................... |
| 7 | .................................... |
| 8 | .................................... |
| 9 | .................................... |
| 10 | .................................... |

## Evaluation

| N° | 100% | 50% | 0% |
|----|------|-----|-----|
| 1 | | | |
| 2 | | | |
| 3 | | | |
| 4 | | | |
| 5 | | | |
| 6 | | | |
| 7 | | | |
| 8 | | | |
| 9 | | | |
| 10 | | | |

## Notes

.......................................................................................

.......................................................................................

.......................................................................................

.......................................................................................

.......................................................................................

<u>*My day:* ....... / ....... / ................</u>

| **Daily plan** | |
| --- | --- |
| **N°** | |
| 1 | .................................. |
| 2 | .................................. |
| 3 | .................................. |
| 4 | .................................. |
| 5 | .................................. |
| 6 | .................................. |
| 7 | .................................. |
| 8 | .................................. |
| 9 | .................................. |
| 10 | .................................. |

| **Evaluation** | | | |
| --- | --- | --- | --- |
| **N°** | **100%** | **50%** | **0%** |
| 1 | | | |
| 2 | | | |
| 3 | | | |
| 4 | | | |
| 5 | | | |
| 6 | | | |
| 7 | | | |
| 8 | | | |
| 9 | | | |
| 10 | | | |

**Notes**

..................................................................................

..................................................................................

..................................................................................

..................................................................................

..................................................................................

<u>*My day:* ...... / ...... / ..................</u>

## Daily plan

| N° | |
|----|---|
| 1 | .................................... |
| 2 | .................................... |
| 3 | .................................... |
| 4 | .................................... |
| 5 | .................................... |
| 6 | .................................... |
| 7 | .................................... |
| 8 | .................................... |
| 9 | .................................... |
| 10 | .................................... |

## Evaluation

| N° | 100% | 50% | 0% |
|----|------|-----|-----|
| 1 | | | |
| 2 | | | |
| 3 | | | |
| 4 | | | |
| 5 | | | |
| 6 | | | |
| 7 | | | |
| 8 | | | |
| 9 | | | |
| 10 | | | |

## Notes

....................................................................................

....................................................................................

....................................................................................

....................................................................................

....................................................................................

# My day: ....... / ....... / .................

## Daily plan

| N° | |
|---|---|
| 1 | ............................... |
| 2 | ............................... |
| 3 | ............................... |
| 4 | ............................... |
| 5 | ............................... |
| 6 | ............................... |
| 7 | ............................... |
| 8 | ............................... |
| 9 | ............................... |
| 10 | ............................... |

## Evaluation

| N° | 100% | 50% | 0% |
|---|---|---|---|
| 1 | | | |
| 2 | | | |
| 3 | | | |
| 4 | | | |
| 5 | | | |
| 6 | | | |
| 7 | | | |
| 8 | | | |
| 9 | | | |
| 10 | | | |

## Notes

.................................................................................

.................................................................................

.................................................................................

.................................................................................

.................................................................................

<u>**My day:** ...... / ...... / ..............</u>

## Daily plan

| N° | |
|----|----|
| 1 | .................................... |
| 2 | .................................... |
| 3 | .................................... |
| 4 | .................................... |
| 5 | .................................... |
| 6 | .................................... |
| 7 | .................................... |
| 8 | .................................... |
| 9 | .................................... |
| 10 | .................................... |

## Evaluation

| N° | 100% | 50% | 0% |
|----|------|-----|-----|
| 1 | | | |
| 2 | | | |
| 3 | | | |
| 4 | | | |
| 5 | | | |
| 6 | | | |
| 7 | | | |
| 8 | | | |
| 9 | | | |
| 10 | | | |

## Notes

..................................................................

..................................................................

..................................................................

..................................................................

..................................................................

*My day: ........ / ........ / .................*

| N° | Daily plan |
|---|---|
| 1 | .............................. |
| 2 | .............................. |
| 3 | .............................. |
| 4 | .............................. |
| 5 | .............................. |
| 6 | .............................. |
| 7 | .............................. |
| 8 | .............................. |
| 9 | .............................. |
| 10 | .............................. |

| N° | 100% | 50% | 0% |
|---|---|---|---|
| 1 | | | |
| 2 | | | |
| 3 | | | |
| 4 | | | |
| 5 | | | |
| 6 | | | |
| 7 | | | |
| 8 | | | |
| 9 | | | |
| 10 | | | |

**Notes**

..................................................................
..................................................................
..................................................................
..................................................................
..................................................................

## Daily plan

| N° | |
|----|---|
| 1 | .......................................... |
| 2 | .......................................... |
| 3 | .......................................... |
| 4 | .......................................... |
| 5 | .......................................... |
| 6 | .......................................... |
| 7 | .......................................... |
| 8 | .......................................... |
| 9 | .......................................... |
| 10 | .......................................... |

## Evaluation

| N° | 100% | 50% | 0% |
|----|------|-----|-----|
| 1 | | | |
| 2 | | | |
| 3 | | | |
| 4 | | | |
| 5 | | | |
| 6 | | | |
| 7 | | | |
| 8 | | | |
| 9 | | | |
| 10 | | | |

## Notes

..................................................................................

..................................................................................

..................................................................................

..................................................................................

..................................................................................

## Daily plan

| N° | |
|----|----|
| 1 | .......................... |
| 2 | .......................... |
| 3 | .......................... |
| 4 | .......................... |
| 5 | .......................... |
| 6 | .......................... |
| 7 | .......................... |
| 8 | .......................... |
| 9 | .......................... |
| 10 | .......................... |

## Evaluation

| N° | 100% | 50% | 0% |
|----|------|-----|----|
| 1 | | | |
| 2 | | | |
| 3 | | | |
| 4 | | | |
| 5 | | | |
| 6 | | | |
| 7 | | | |
| 8 | | | |
| 9 | | | |
| 10 | | | |

## Notes

..................................................

..................................................

..................................................

..................................................

..................................................

<u>*My day:* ....... / ....... / .................</u>

| N° | Daily plan |
|----|------------|
| 1 | .................................... |
| 2 | .................................... |
| 3 | .................................... |
| 4 | .................................... |
| 5 | .................................... |
| 6 | .................................... |
| 7 | .................................... |
| 8 | .................................... |
| 9 | .................................... |
| 10 | .................................... |

| N° | 100% | 50% | 0% |
|----|------|-----|----|
| 1 | | | |
| 2 | | | |
| 3 | | | |
| 4 | | | |
| 5 | | | |
| 6 | | | |
| 7 | | | |
| 8 | | | |
| 9 | | | |
| 10 | | | |

**Notes**

....................................................................

....................................................................

....................................................................

....................................................................

....................................................................

## Daily plan

| N° | |
|----|---|
| 1 | ................................... |
| 2 | ................................... |
| 3 | ................................... |
| 4 | ................................... |
| 5 | ................................... |
| 6 | ................................... |
| 7 | ................................... |
| 8 | ................................... |
| 9 | ................................... |
| 10 | ................................... |

## Evaluation

| N° | 100% | 50% | 0% |
|----|------|-----|-----|
| 1 | | | |
| 2 | | | |
| 3 | | | |
| 4 | | | |
| 5 | | | |
| 6 | | | |
| 7 | | | |
| 8 | | | |
| 9 | | | |
| 10 | | | |

## Notes

..................................................................
..................................................................
..................................................................
..................................................................
..................................................................

## Daily plan

| N° | |
|----|---|
| 1 | ........................................ |
| 2 | ........................................ |
| 3 | ........................................ |
| 4 | ........................................ |
| 5 | ........................................ |
| 6 | ........................................ |
| 7 | ........................................ |
| 8 | ........................................ |
| 9 | ........................................ |
| 10 | ........................................ |

## Evaluation

| N° | 100% | 50% | 0% |
|----|------|-----|-----|
| 1 | | | |
| 2 | | | |
| 3 | | | |
| 4 | | | |
| 5 | | | |
| 6 | | | |
| 7 | | | |
| 8 | | | |
| 9 | | | |
| 10 | | | |

## Notes

........................................................................

........................................................................

........................................................................

........................................................................

........................................................................

# My day: ......./......./................

<table>
<tr><td colspan="2">Daily plan</td></tr>
<tr><td>N°</td><td></td></tr>
<tr><td>1</td><td>................................</td></tr>
<tr><td>2</td><td>................................</td></tr>
<tr><td>3</td><td>................................</td></tr>
<tr><td>4</td><td>................................</td></tr>
<tr><td>5</td><td>................................</td></tr>
<tr><td>6</td><td>................................</td></tr>
<tr><td>7</td><td>................................</td></tr>
<tr><td>8</td><td>................................</td></tr>
<tr><td>9</td><td>................................</td></tr>
<tr><td>10</td><td>................................</td></tr>
</table>

| **Evaluation** | | | |
|---|---|---|---|
| **N°** | **100%** | **50%** | **0%** |
| 1 | | | |
| 2 | | | |
| 3 | | | |
| 4 | | | |
| 5 | | | |
| 6 | | | |
| 7 | | | |
| 8 | | | |
| 9 | | | |
| 10 | | | |

## Notes

................................................................................

................................................................................

................................................................................

................................................................................

................................................................................

<u>*My day:* ...... / ...... / ..................</u>

## Daily plan

| N° | |
|----|---|
| 1 | ............................... |
| 2 | ............................... |
| 3 | ............................... |
| 4 | ............................... |
| 5 | ............................... |
| 6 | ............................... |
| 7 | ............................... |
| 8 | ............................... |
| 9 | ............................... |
| 10 | ............................... |

## Evaluation

| N° | 100% | 50% | 0% |
|----|------|-----|-----|
| 1 | | | |
| 2 | | | |
| 3 | | | |
| 4 | | | |
| 5 | | | |
| 6 | | | |
| 7 | | | |
| 8 | | | |
| 9 | | | |
| 10 | | | |

## Notes

......................................................

......................................................

......................................................

......................................................

......................................................

<u>_My day_: ...... / ...... / ................</u>

| **Daily plan** | |
| --- | --- |
| **N°** | |
| 1 | ................................ |
| 2 | ................................ |
| 3 | ................................ |
| 4 | ................................ |
| 5 | ................................ |
| 6 | ................................ |
| 7 | ................................ |
| 8 | ................................ |
| 9 | ................................ |
| 10 | ................................ |

| **Evaluation** | | | |
| --- | --- | --- | --- |
| **N°** | **100%** | **50%** | **0%** |
| 1 | | | |
| 2 | | | |
| 3 | | | |
| 4 | | | |
| 5 | | | |
| 6 | | | |
| 7 | | | |
| 8 | | | |
| 9 | | | |
| 10 | | | |

**Notes**

................................................................................

................................................................................

................................................................................

................................................................................

................................................................................

# My day: ...... / ...... / ...............

## Daily plan

| N° | |
|---|---|
| 1 | ........................... |
| 2 | ........................... |
| 3 | ........................... |
| 4 | ........................... |
| 5 | ........................... |
| 6 | ........................... |
| 7 | ........................... |
| 8 | ........................... |
| 9 | ........................... |
| 10 | ........................... |

## Evaluation

| N° | 100% | 50% | 0% |
|---|---|---|---|
| 1 | | | |
| 2 | | | |
| 3 | | | |
| 4 | | | |
| 5 | | | |
| 6 | | | |
| 7 | | | |
| 8 | | | |
| 9 | | | |
| 10 | | | |

## Notes

...................................................

...................................................

...................................................

...................................................

...................................................

<u>*My day:* ...... / ...... / ...............</u>

| Daily plan | |
| --- | --- |
| N° | |
| 1 | .................................. |
| 2 | .................................. |
| 3 | .................................. |
| 4 | .................................. |
| 5 | .................................. |
| 6 | .................................. |
| 7 | .................................. |
| 8 | .................................. |
| 9 | .................................. |
| 10 | .................................. |

| Evaluation | | | |
| --- | --- | --- | --- |
| N° | 100% | 50% | 0% |
| 1 | | | |
| 2 | | | |
| 3 | | | |
| 4 | | | |
| 5 | | | |
| 6 | | | |
| 7 | | | |
| 8 | | | |
| 9 | | | |
| 10 | | | |

## Notes

..................................................................................

..................................................................................

..................................................................................

..................................................................................

..................................................................................

<u>*My day:* ....... / ....... / ...............</u>

| Daily plan | |
|---|---|
| **N°** | |
| 1 | ........................... |
| 2 | ........................... |
| 3 | ........................... |
| 4 | ........................... |
| 5 | ........................... |
| 6 | ........................... |
| 7 | ........................... |
| 8 | ........................... |
| 9 | ........................... |
| 10 | ........................... |

| N° | 100% | 50% | 0% |
|---|---|---|---|
| 1 | | | |
| 2 | | | |
| 3 | | | |
| 4 | | | |
| 5 | | | |
| 6 | | | |
| 7 | | | |
| 8 | | | |
| 9 | | | |
| 10 | | | |

## Evaluation

## Notes

........................................................

........................................................

........................................................

........................................................

........................................................

<u>*My day:* . . . . . . . / . . . . . . . / . . . . . . . . . . . . . . . .</u>

## Daily plan

| N° | |
|---|---|
| 1 | . . . . . . . . . . . . . . . . . . . . . . . . . |
| 2 | . . . . . . . . . . . . . . . . . . . . . . . . . |
| 3 | . . . . . . . . . . . . . . . . . . . . . . . . . |
| 4 | . . . . . . . . . . . . . . . . . . . . . . . . . |
| 5 | . . . . . . . . . . . . . . . . . . . . . . . . . |
| 6 | . . . . . . . . . . . . . . . . . . . . . . . . . |
| 7 | . . . . . . . . . . . . . . . . . . . . . . . . . |
| 8 | . . . . . . . . . . . . . . . . . . . . . . . . . |
| 9 | . . . . . . . . . . . . . . . . . . . . . . . . . |
| 10 | . . . . . . . . . . . . . . . . . . . . . . . . . |

## Evaluation

| N° | 100% | 50% | 0% |
|---|---|---|---|
| 1 | | | |
| 2 | | | |
| 3 | | | |
| 4 | | | |
| 5 | | | |
| 6 | | | |
| 7 | | | |
| 8 | | | |
| 9 | | | |
| 10 | | | |

## Notes

. . . . . . . . . . . . . . . . . . . . . . . . . . . . . . . . . . . . . . . . . . . . . . . . . . . . . . . . . . . . . . . . . . . . . . . . . . . . . . . . . . . . .

. . . . . . . . . . . . . . . . . . . . . . . . . . . . . . . . . . . . . . . . . . . . . . . . . . . . . . . . . . . . . . . . . . . . . . . . . . . . . . . . . . . . .

. . . . . . . . . . . . . . . . . . . . . . . . . . . . . . . . . . . . . . . . . . . . . . . . . . . . . . . . . . . . . . . . . . . . . . . . . . . . . . . . . . . . .

. . . . . . . . . . . . . . . . . . . . . . . . . . . . . . . . . . . . . . . . . . . . . . . . . . . . . . . . . . . . . . . . . . . . . . . . . . . . . . . . . . . . .

. . . . . . . . . . . . . . . . . . . . . . . . . . . . . . . . . . . . . . . . . . . . . . . . . . . . . . . . . . . . . . . . . . . . . . . . . . . . . . . . . . . . .

<u>*My day:* ...... / ...... / ..................</u>

| **Daily plan** |
| --- |

| N° | |
| --- | --- |
| 1 | .............................. |
| 2 | .............................. |
| 3 | .............................. |
| 4 | .............................. |
| 5 | .............................. |
| 6 | .............................. |
| 7 | .............................. |
| 8 | .............................. |
| 9 | .............................. |
| 10 | .............................. |

| **Evaluation** | | | |
| --- | --- | --- | --- |
| N° | 100% | 50% | 0% |
| 1 | | | |
| 2 | | | |
| 3 | | | |
| 4 | | | |
| 5 | | | |
| 6 | | | |
| 7 | | | |
| 8 | | | |
| 9 | | | |
| 10 | | | |

| **Notes** |
| --- |

..............................................................................

..............................................................................

..............................................................................

..............................................................................

..............................................................................

## Daily plan

| N° | |
|---|---|
| 1 | ............................... |
| 2 | ............................... |
| 3 | ............................... |
| 4 | ............................... |
| 5 | ............................... |
| 6 | ............................... |
| 7 | ............................... |
| 8 | ............................... |
| 9 | ............................... |
| 10 | ............................... |

## Evaluation

| N° | 100% | 50% | 0% |
|---|---|---|---|
| 1 | | | |
| 2 | | | |
| 3 | | | |
| 4 | | | |
| 5 | | | |
| 6 | | | |
| 7 | | | |
| 8 | | | |
| 9 | | | |
| 10 | | | |

## Notes

................................................................

................................................................

................................................................

................................................................

................................................................

# My day: ...... / ...... / ..............

## Daily plan

| N° | |
|---|---|
| 1 | ................................ |
| 2 | ................................ |
| 3 | ................................ |
| 4 | ................................ |
| 5 | ................................ |
| 6 | ................................ |
| 7 | ................................ |
| 8 | ................................ |
| 9 | ................................ |
| 10 | ................................ |

## Evaluation

| N° | 100% | 50% | 0% |
|---|---|---|---|
| 1 | | | |
| 2 | | | |
| 3 | | | |
| 4 | | | |
| 5 | | | |
| 6 | | | |
| 7 | | | |
| 8 | | | |
| 9 | | | |
| 10 | | | |

## Notes

................................................................

................................................................

................................................................

................................................................

................................................................

<u>*My day:*</u> ....... / ...... / ...................

## Daily plan

| N° | |
|---|---|
| 1 | ................................. |
| 2 | ................................. |
| 3 | ................................. |
| 4 | ................................. |
| 5 | ................................. |
| 6 | ................................. |
| 7 | ................................. |
| 8 | ................................. |
| 9 | ................................. |
| 10 | ................................. |

## Evaluation

| N° | 100% | 50% | 0% |
|---|---|---|---|
| 1 | | | |
| 2 | | | |
| 3 | | | |
| 4 | | | |
| 5 | | | |
| 6 | | | |
| 7 | | | |
| 8 | | | |
| 9 | | | |
| 10 | | | |

## Notes

.................................................................................

.................................................................................

.................................................................................

.................................................................................

.................................................................................

<u>*My day:* . . . . . . / . . . . . . / . . . . . . . . . . . . . . . .</u>

## Daily plan

| N° | |
|---|---|
| 1 | . . . . . . . . . . . . . . . . . . . . . . . . . |
| 2 | . . . . . . . . . . . . . . . . . . . . . . . . . |
| 3 | . . . . . . . . . . . . . . . . . . . . . . . . . |
| 4 | . . . . . . . . . . . . . . . . . . . . . . . . . |
| 5 | . . . . . . . . . . . . . . . . . . . . . . . . . |
| 6 | . . . . . . . . . . . . . . . . . . . . . . . . . |
| 7 | . . . . . . . . . . . . . . . . . . . . . . . . . |
| 8 | . . . . . . . . . . . . . . . . . . . . . . . . . |
| 9 | . . . . . . . . . . . . . . . . . . . . . . . . . |
| 10 | . . . . . . . . . . . . . . . . . . . . . . . . . |

## Evaluation

| N° | 100% | 50% | 0% |
|---|---|---|---|
| 1 | | | |
| 2 | | | |
| 3 | | | |
| 4 | | | |
| 5 | | | |
| 6 | | | |
| 7 | | | |
| 8 | | | |
| 9 | | | |
| 10 | | | |

## Notes

. . . . . . . . . . . . . . . . . . . . . . . . . . . . . . . . . . . . . . . . . . . . . . . . . . . . . . . . .

. . . . . . . . . . . . . . . . . . . . . . . . . . . . . . . . . . . . . . . . . . . . . . . . . . . . . . . . .

. . . . . . . . . . . . . . . . . . . . . . . . . . . . . . . . . . . . . . . . . . . . . . . . . . . . . . . . .

. . . . . . . . . . . . . . . . . . . . . . . . . . . . . . . . . . . . . . . . . . . . . . . . . . . . . . . . .

. . . . . . . . . . . . . . . . . . . . . . . . . . . . . . . . . . . . . . . . . . . . . . . . . . . . . . . . .

## Daily plan

| N° | |
|---|---|
| 1 | ................................... |
| 2 | ................................... |
| 3 | ................................... |
| 4 | ................................... |
| 5 | ................................... |
| 6 | ................................... |
| 7 | ................................... |
| 8 | ................................... |
| 9 | ................................... |
| 10 | ................................... |

## Evaluation

| N° | 100% | 50% | 0% |
|---|---|---|---|
| 1 | | | |
| 2 | | | |
| 3 | | | |
| 4 | | | |
| 5 | | | |
| 6 | | | |
| 7 | | | |
| 8 | | | |
| 9 | | | |
| 10 | | | |

## Notes

..................................................................

..................................................................

..................................................................

..................................................................

..................................................................

www.ingramcontent.com/pod-product-compliance
Lightning Source LLC
Chambersburg PA
CBHW031244250726

48655CB00005B/2068